curiosidad por

LA PROGRAMACIÓN DE BLOQUE

POR JILL SHERMAN

AMICUS LEARNING

¿Qué te causa

1

CAPÍTULO UNO

Bloques de construcción

2

CAPÍTULO DOS

¡Construyamos algo!

curiosidad?

Curious About está publicado por
Amicus Learning, un sello de Amicus.
P.O. Box 227
Mankato, MN 56002
www.amicuspublishing.us

Editora: Ana Brauer
Diseñadora de la serie: Kathleen Petelinsek
Diseñadora del libro e investigadora fotográfica: Emily Dietz

Library of Congress Cataloging-in-Publication Data
Names: Sherman, Jill, author.
Title: Curiosidad por la programación de bloque / by Jill Sherman.
Other titles: Curious about block coding. Spanish
Description: Mankato, MN : Amicus Learning, [2026] | Series: Curiosidad por la programación | Includes index. | Audience term: Children | Audience: Ages 6–9 | Audience: Grades 2–3 | Summary: "What is block coding? Learn about coding and programming with block codes in this Spanish question-and-answer book for elementary readers. Includes table of contents, glossary, and index. Translated into North American Spanish"– Provided by publisher.
Identifiers: LCCN 2024052109 (print) | LCCN 2024052110 (ebook) | ISBN 9798892006750 (library binding) | ISBN 9798892007351 (paperback) | ISBN 9798892007955 (ebook)
Subjects: LCSH: Computer programming—Juvenile literature.
Classification: LCC QA76.6115 .S52818 2026 (print) | LCC QA76.6115 (ebook) | DDC 005.13—dc23/eng/20250117
LC record available at https://lccn.loc.gov/2024052109
LC ebook record available at https://lccn.loc.gov/2024052110

Créditos fotográficos: Freepik/freepik, 3, 21; Getty Images/FatCamera, 13, urbazon, 6; Scratch/unknown, 11, 14; Shutterstock/ajt, 17, AlesiaKan, 2, 11, 19, antoniodiaz, 9, Chay_Tee, 2, 5, Designsells, cover, 1, 4, Dragon Images, 16, Heena Rajput, 12, New Africa, 14–15, Ortis, 8, Pixel-Shot, 18, Prostock-studio, cover, 1; The Noun Project/Y, 22, 23

Impreso en India

CAPÍTULO UNO

¿Qué es la programación de bloque?

El código informático normalmente se escribe como texto. El código de bloque se utiliza para simplificar la programación. Es un lenguaje de programación que emplea bloques de arrastrar y soltar. Cada bloque es un fragmento de código. ¡Apila los bloques para crear un **programa**!

¡CONTROLA ESE ROBOT!

Lee este fragmento de código de bloque. ¿Qué crees que hará el robot si haces clic en el botón de reproducir?

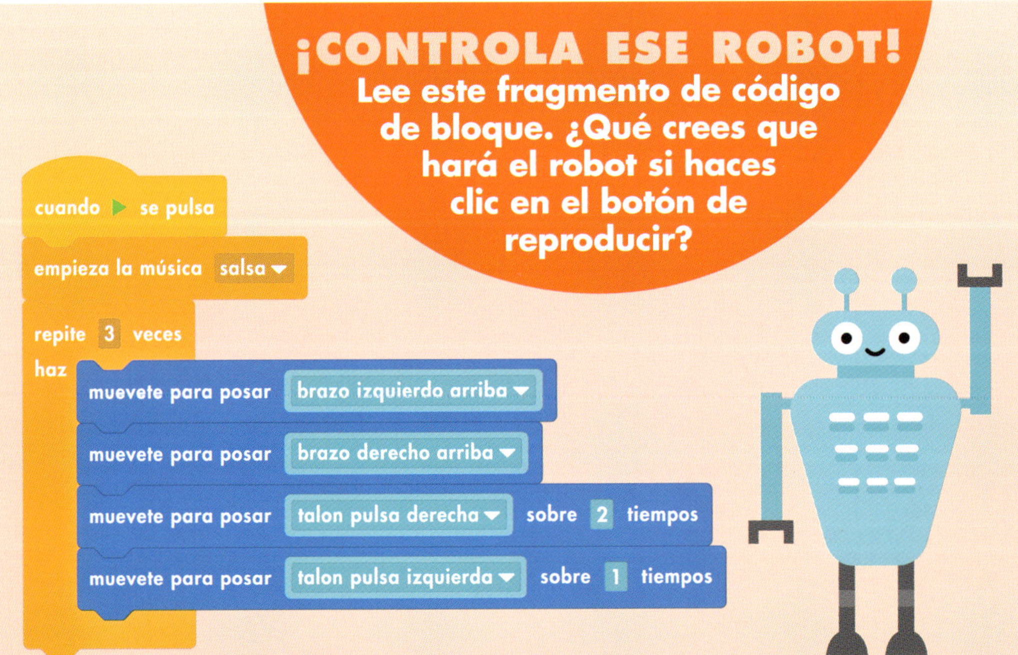

La programación de bloque hace que aprender a codificar sea fácil.

Cualquiera puede aprender a codificar y programar una computadora.

¿Qué hace el código?

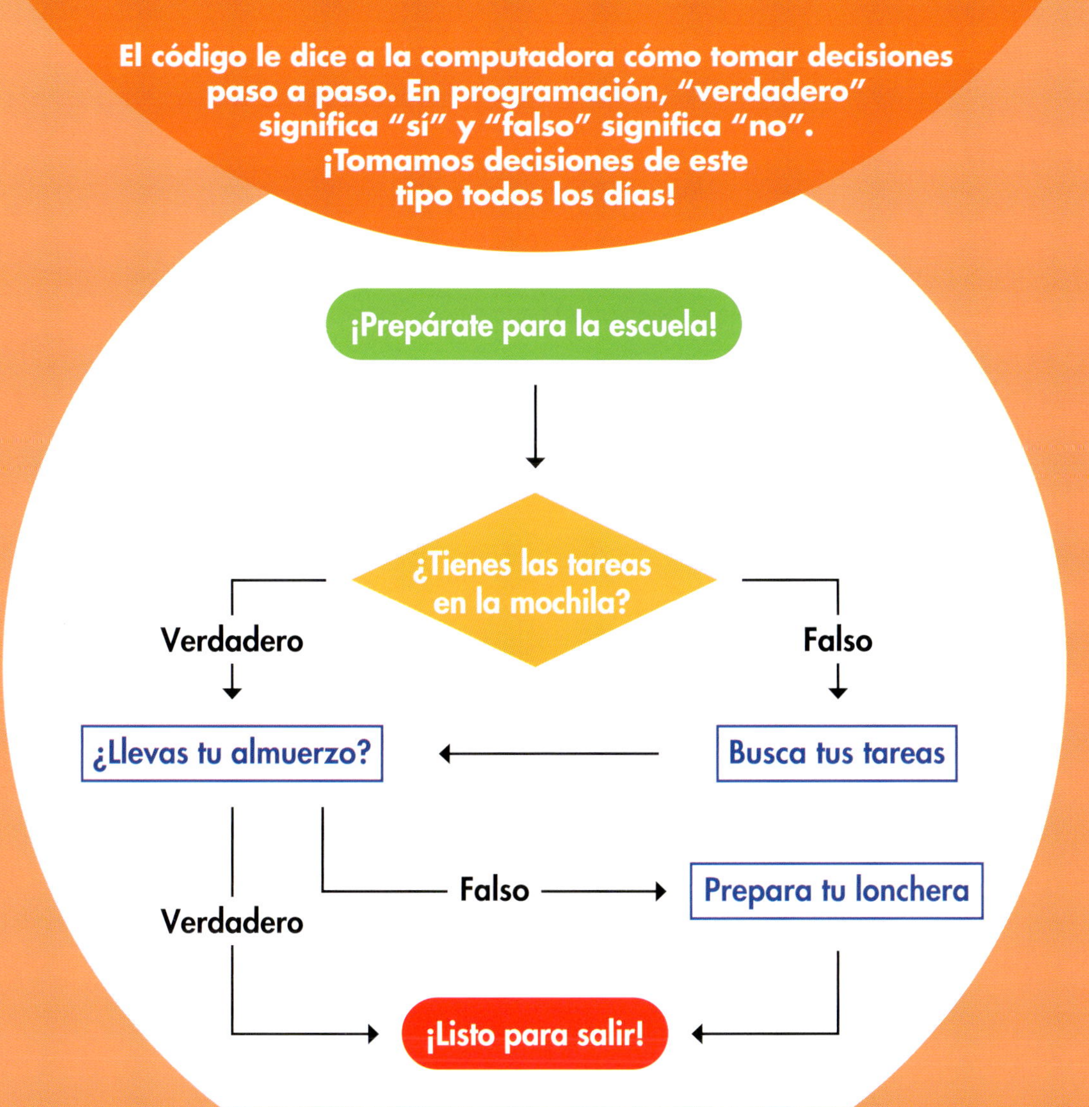

El código es el lenguaje que usamos para comunicarnos con una computadora. ¡Le dice a la computadora qué hacer! Las computadoras son máquinas. Necesitan instrucciones para funcionar. ¡Sin código, una computadora no podría hacer nada! Haces clic en un ícono con el ratón. ¿Qué sucede después? Todo está escrito en el código.

¿No tienes que ser bueno en matemáticas para programar?

¡No! Una computadora es como una calculadora muy rápida. ¡Hace las cuentas muy rápido! Escribir código es más como resolver un acertijo. Solo necesitas ser bueno en lógica. Tú descifras los pasos para que un programa funcione.

EL CÓDIGO ESTÁ EN TODAS PARTES

Muchos dispositivos modernos necesitan códigos para funcionar. ¡Los teléfonos inteligentes, los microondas y los semáforos usan códigos!

Depende de ti juntar las piezas de un código.

¿Cómo puedo empezar con la programación de bloque?

¡Muchas **plataformas** usan códigos de bloque! Scratch, Code.org y Blockly son ejemplos comunes. ¡Ve a una página web y elige un **tutorial** que te parezca divertido! Comienza a arrastrar y encajar bloques. Luego, presiona "ejecutar" y observa lo que sucede. No te preocupes por los errores. ¡Siempre puedes corregirlos y volver a intentarlo!

Scratch se utiliza con frecuencia en las aulas.

PERSONAJES POPULARES DE SCRATCH

¿Por qué mi código hizo ESO?

Los fallos evitan que tu código funcione correctamente.

Los errores de programación se llaman fallos. Estos hacen que el código haga algo que no esperabas. Tal vez aparezca algo incorrecto en la pantalla. ¡O, quizás, no funcione en absoluto! Como programador, tu trabajo es encontrar y corregir estos errores.

Los errores son comunes en la programación. Sigue haciendo pruebas hasta que puedas corregir el fallo.

¿Qué puedo crear con código de bloque?

¡Muchas cosas geniales! Puedes diseñar juegos divertidos para jugar con tus amigos. Puedes crear increíbles **animaciones** que se mueven y cambian de color. ¡Incluso puedes programar robots simples para que hagan trucos geniales!

Puedes crear y jugar diferentes juegos usando códigos de bloque.

CAPÍTULO TRES

¡Estoy atascado! ¿Cómo puedo obtener ayuda con mi código?

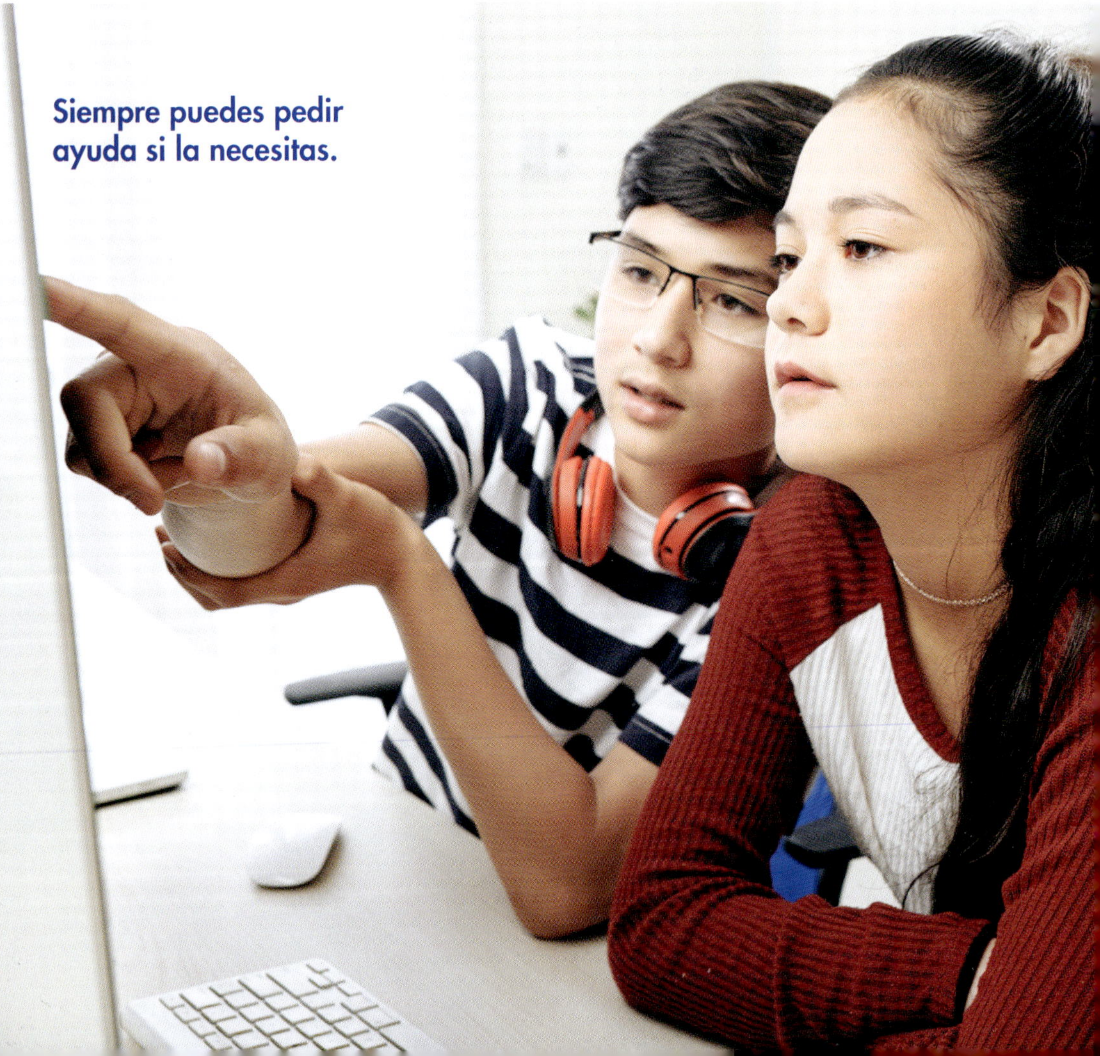

Siempre puedes pedir ayuda si la necesitas.

Todos los programadores llegan a un punto en el que no pueden avanzar. ¡Pasa MUCHO! La programación puede parecer algo que haces solo. Pero muchas personas trabajan juntas para resolver problemas. Por eso es divertido aprender a programar con amigos. ¡Pueden ayudarse entre sí!

MÉTODO DEL PATITO DE GOMA

Muchos programadores usan un patito de goma para ayudar a depurar. Le leen su código en voz alta al patito. Este truco ha ayudado a miles de programadores a corregir sus fallos.

Las personas comparten sus códigos en muchos sitios web diferentes.

¿Está bien utilizar el código de otra persona?

¡Sí! Muchos programadores comparten su código de forma gratuita. Puedes aprender de su trabajo. Estudia su código. También puedes copiar su código y **remezclarlo**. ¡Usa su código para crear algo propio!

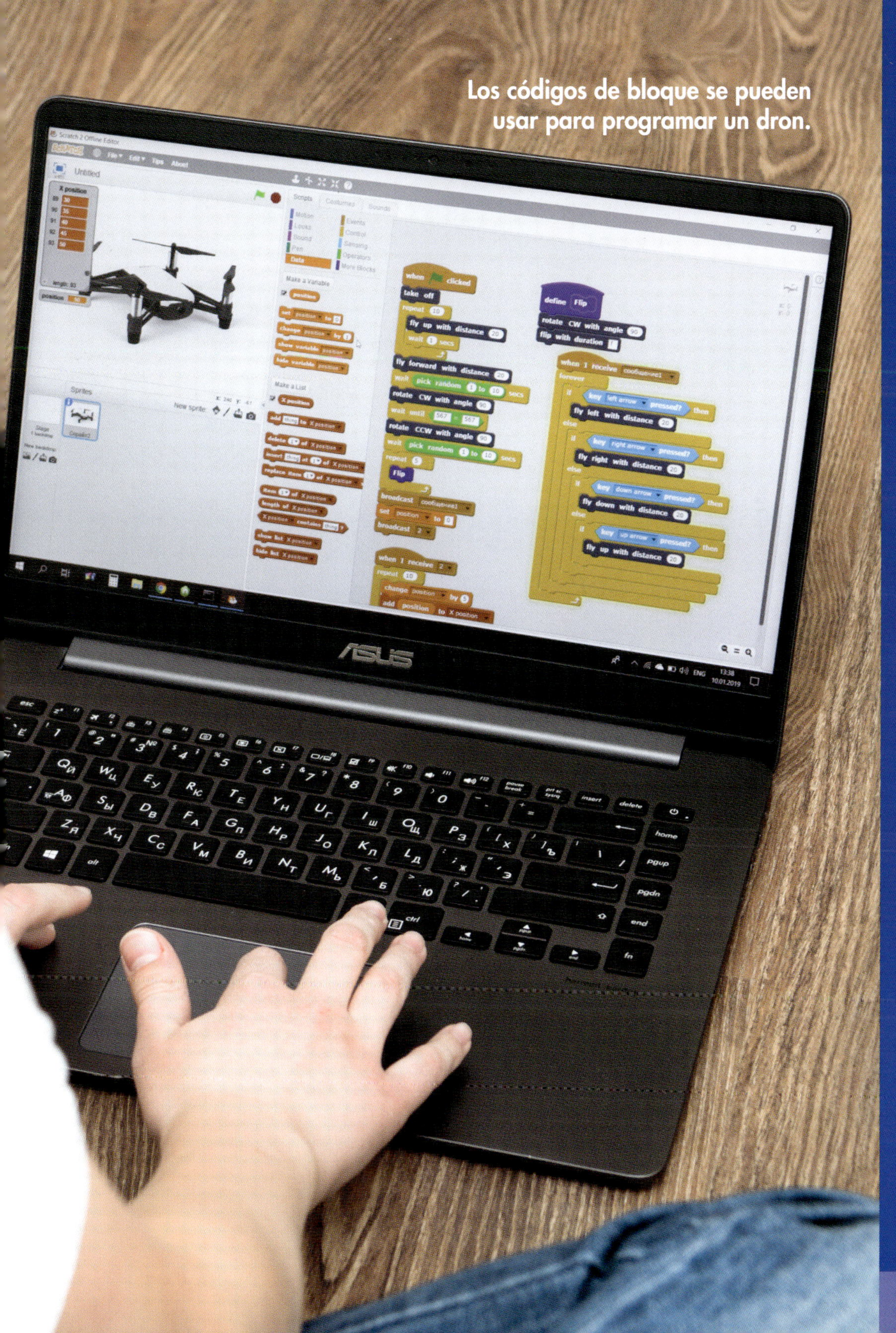

Los códigos de bloque se pueden usar para programar un dron.

¿Cómo puedo mostrarles mis proyectos de código a mis amigos?

Primero, asegúrate de que tu código esté guardado. Puedes guardar el proyecto en tu computadora. O puedes usar un enlace especial para compartirlo en línea. Pídeles a tus amigos que prueben el código. Luego, piensa en lo que quieres crear a continuación.

Tú y tus amigos pueden probar los códigos de los demás.

¡MANTÉN TU CURIOSIDAD!

HAZ MÁS PREGUNTAS

¿Cuáles son otros lenguajes de programación?

¿Qué trabajos puede ayudarme a conseguir la programación cuando sea más grande?

Prueba con una PREGUNTA GRANDE: ¿Qué cosas son más fáciles de hacer para los humanos que para las computadoras?

BUSCA LAS RESPUESTAS

Busca en el catálogo de la biblioteca o en Internet.
Pueden ayudarte tus padres, un bibliotecario o un maestro.

Usar palabras clave
Busca la lupa.

Las palabras clave son las palabras más importantes de tu pregunta.

Si quieres saber sobre:

- diferentes lenguajes de programación, escribe: LENGUAJES DE PROGRAMACIÓN
- qué trabajos utilizan programación, escribe: TRABAJOS DE PROGRAMACIÓN

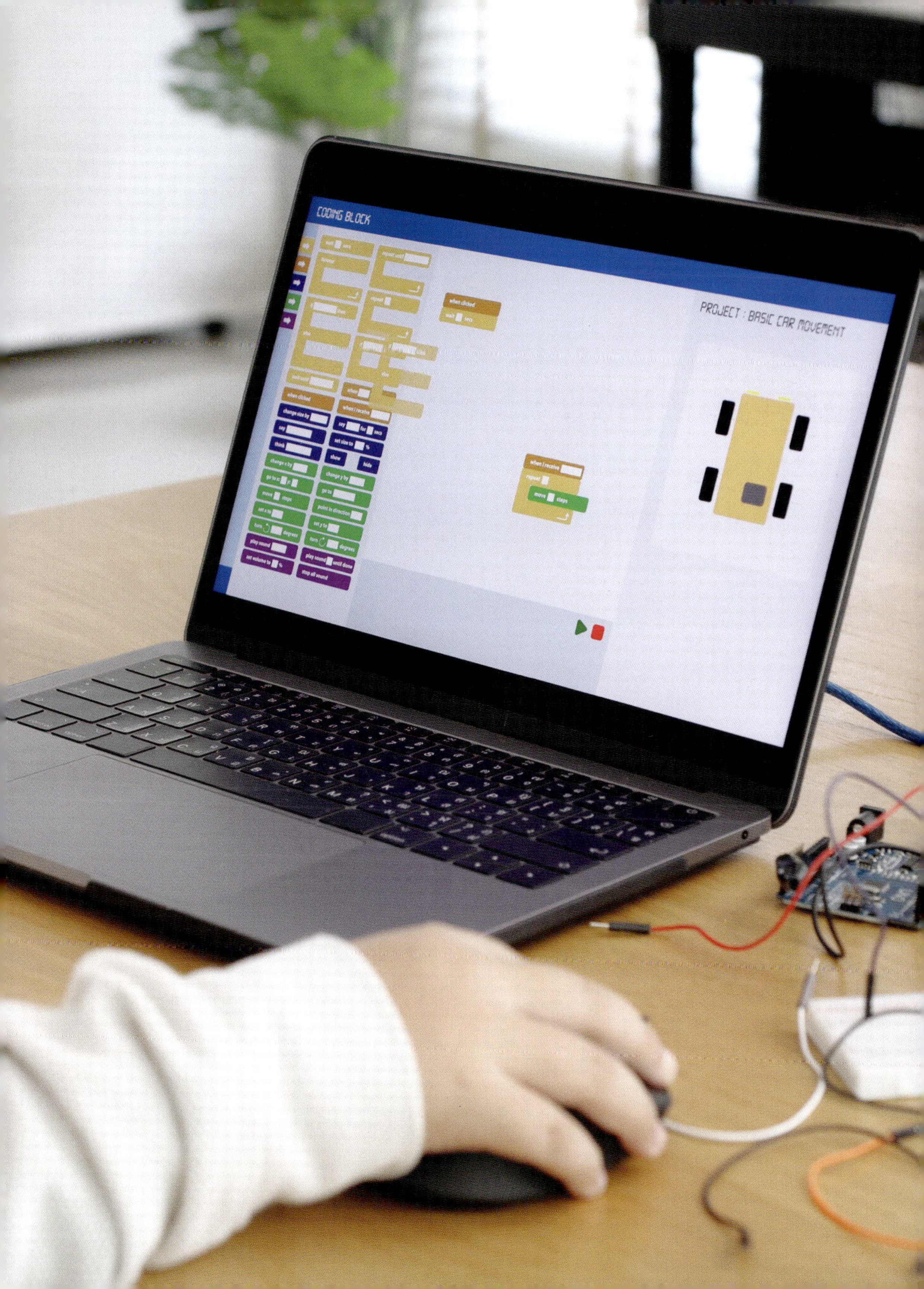
CODING BLOCK
PROJECT : BASIC CAR MOVEMENT

GLOSARIO

animación Un dibujo animado o gráfico que se mueve.

depurar Encontrar y eliminar errores o fallas de un programa o código de computadora.

fallo Un error en un fragmento de código.

plataforma El hardware y el software que permiten ejecutar un programa.

programa Un conjunto de instrucciones que debe seguir una computadora para poder hacer ciertas cosas.

remezclar Modificar el código de otra persona para usarlo en tu propio proyecto.

tutorial Un proyecto guiado con instrucciones paso a paso.

ÍNDICE

Acerca de la autora

Jill Sherman escribe libros sobre estrellas del pop, crías de animales y robots. Le encanta que escribir le permita investigar y aprender sobre nuevos temas. Además de escribir libros, Jill cose su propia ropa, crea crucigramas y programa en JavaScript.